*fliegen
wie ein Sperling
würde mir genügen*

Gregor Graf 1935 in Bern geboren, lebt seit vielen Jahren im deutsch- und französischsprachigen Biel/Bienne in der Schweiz. Bis zu seiner Pensionierung arbeitete er erfolgreich als Chemiker. Er liest viel, träumt gern, schreibt Haiku und andere Gedichte.

gregor graf

drei
zeilen
nur
ein
wenig
wind

kirschblüten
schneeweiß
der berg

ein neues jahr

milchig
der mond
ein gutes omen

über dem teich der mond
dem neuen jahr entgegen
schlendert

unter dem eis
der karpfen
sich wundert

im nachtexpress
das neue jahr
nicht weit

ein lockenköpfchen
mich zärtlich
weckte

kaffeeduft
alles scheint anders
heute

vor dem fenster
die spatzen
schon wieder streiten

endlich frühling

im wipfel
die elster
lacht den winter aus

die weinbergschnecke
streckt die fühler aus
oh das zarte grün

im kurpark
der penner schläft
primeln ringsum

im strandcafé
die alte dame
lächelt vor sich hin

auf dem hut
veilchen aus seide
ein hauch chanel

mal hier mal dort
der schmetterling
sich nieder setzt

in der wiese
löwenzahn
tausend sonnen

es ist zeit
die apfelblüten
sich nun wandeln

windstill
nicht einmal das zittergras
sich wiegt

sommerzeit

so geschäftig
der rosenkäfer
hummeln bienen

im schatten der platanen
die alten vom heim
tauben gurren im kies

knaben
beim murmelspiel
mädchen hüpfen seil

das korn ist reif
zwei kinder
jauchzen zum see

am fenster
die alte frau
sich erinnert

eingeschlafen
unter der linde
lange geträumt

die mutter
lachgrübchen
wie als mädchen

rosen gepflanzt
duft und
dornen

ein pils
schön kühl
kann nicht klagen

die straßenbahn
klingelt so fröhlich heute
als wäre sonntag

sie fand
ein winziges federchen
konnte fliegen

die glut des tages
noch in den mauern
eine grille irgendwo

von der straße unten
leise worte
dann und wann

vor der kneipe
palaver noch
bis in die früh

auf zehenspitzen
die treppe hoch
sie schaut auf die uhr

sommerlich
das loch im strumpf
beim großen zeh

weit weg
am rand der milchstraße
der blinde pilot

im sommerregen
der esel wartet
zuckt nur mit dem fell

donnergrollen
weiter gezogen in die nacht
ruhig ihr atem

herbstfarben

ein blauer krug
äpfel birnen
trauben

vor dem fenster
herbst-golden der ginkgo
ach - wenn er nicht mehr wäre

teerosen
ihr duft verweht
für lange zeit

im biergarten
leere stühle
laub auf den tischen

verflixt
das blaue heft
im strömenden regen

nebel
in den zweigen
flügelgeflatter

graureiher
reglos
im kahlen geäst

über dem friedhof
das laub wirbelt
himmelwärts

schwalben
im flug nach süden
wir kommen wieder

zweige im wind
sich wiegen
sanft berühren

lange gelauscht
ohne zu verstehen
und doch

im schneegestöber

vor dem leierkasten
das mädchen
zuckerwatte rosarot

schneesterne
taumeln fallen
weiß auf weiß

und
dieses glitzern
ringsum

tief im winterwald
der glasbrunnen
sybille schläft

mondversilbert
der kinderhandschuh
im schnee

wo sie wohl ist
schlittschuh läuft
zwischen den sternen

für paula

asche
alles was blieb
murmeln der zeit

im hospitz
ein neuer morgen mittag
abend vielleicht

da nahm er sie zärtlich
an der hand
der wind

für karin

im tiefen schnee
besorgt der blick
hinauf zum berg

wenn der schnee
erst einmal
taut

woher - wohin

erinnern
dass ich glücklich
war

damals
als die linden blühten
dufteten

unsere straße
das versteck
im hinterhof

ein langer tag
müde geworden
so sorglos

trost gefunden
im funkeln
der sterne

der wald
voller geheimnisse
sioux und apachen

angst
stieg auf
vom keller

flache kiesel am strand
und immer noch
die lust zu schiefern

schiffchen gefaltet
das meer
nur licht feuer

spazieren
hand in hand
beinah wie früher

all die namen
wohin
stumm der berg

nach der heckenrose
immer weiter
weiter

hoch oben
der milan
eins mit dem wind

geträumt
ein zartes lied
ein regenbogen

da wartet er nun
vor dem hohen tor
pilger mit weißem haar

Y yo me iré.
Y se quedarán los
pájaros cantando.

Und ich werde gehen.
Und die Vögel werden
bleiben und singen.

Juan Ramón Jiménez

inhalt

ein neues jahr   7
milchig
der mond
ein gutes omen

endlich frühling   15
im wipfel
die elster
lacht den winter aus

sommerzeit   25
so geschäftig
der rosenkäfer
hummeln bienen

herbstfarben   45
ein blauer krug
äpfel birnen
trauben

im schneegestöber   57
vor dem leierkasten
das mädchen
zuckerwatte rosarot

woher - wohin   69
erinnern
dass ich glücklich
war

Von Gregor Graf sind bisher
erschienen:

2014   fünfzig gedichte
        ISBN 9-783732-287987

2015   Haiku im Abendwind
        ISBN 9-783738-624113

2017   leichter als ein schmetterling
        ISBN 9-783741-292286

2018   nichts weiter
        ISBN 9-783752-812961

Herstellung und Verlag
BoD
Books on Demand
Norderstedt